Analiza książki

Pustelnia parmeńska

· · · · · · · · · · · · · · ·

Stendhal

ANALIZA KSIĄŻKI

Napisany przez Lucile Lhoste
Przetłumaczony przez Kâmil Kowalski

Pustelnia parmeńska

· ·

STENDHAL

STENDHAL

FRANCUSKI PISARZ I KRYTYK SZTUKI

- **Urodził się w Grenoble w 1783 r.**

- **Zmarł w Paryżu w 1842 r.**

- **Godne uwagi prace:**

  - *Vanina Vanini* (1829), opowiadanie

  - *Czerwone i czarne* (1830), powieść

  - *Pustelnia parmeńska* (1839), powieść

Stendhal, prawdziwe nazwisko Henri Beyle, urodził się w Grenoble w rodzinie należącej do klasy średniej w 1783 roku. W Paryżu pod rządami Dyrektoriatu debaty o ideach ekscytowały go i wyostrzyły jego krytyczne myślenie. Po wstąpieniu do armii Bonapartego, dzięki kampaniom wojskowym, odkrył Włochy i Niemcy. Po 1815 roku został krytykiem sztuki w Mediolanie i pod pseudonimem pisał dzieła turystyczne. W 1830 roku Ludwik Filip mianował go konsulem francuskim w Trieście, a następnie w Civitavecchia. Tam też napisał swoje najważniejsze powieści (*Czerwone i czarne*, 1830; *Pustelnia parmeńska,* 1839) oraz autobiografię (*The Life of Henry Brulard,* 1835-1836). W marcu 1841 roku w Paryżu doznał udaru mózgu i zmarł w następnym roku, pozostawiając po sobie szereg niedokończonych rękopisów.

PUSTELNIA PARMEŃSKA

XIX-WIECZNE WŁOCHY

- **Gatunek:** powieść
- **Wydanie referencyjne:** Stendhal (2000) *The Charterhouse of Parma*. Trans. Howard, R. New York: The Modern Library.
- **Pierwsze wydanie:** 1839
- **Tematy:** miłość, nauka, historia, młodość, bohaterstwo, ambicja, bitwa pod Waterloo

Pustelnia parmeńska, która po raz pierwszy ukazała się w 1839 roku, opowiada historię młodego Włocha, Fabrizio del Dongo, który marzy o wielkiej i chwalebnej karierze wojskowej. Gorący wielbiciel Napoleona, walczy po stronie cesarza w bitwie pod Waterloo, ale klęska Francuzów zmusza go do powrotu do kraju, gdzie za radą ciotki wybiera karierę kościelną. Początkowo zakochany w charyzmatycznej ciotce, ostatecznie ulega urokowi Clélii Conti, córki naczelnika więzienia, w którym zostaje zamknięty za morderstwo.

Dzieło to, które do początku XX wieku było stosunkowo mało znane, spowodowało jednak, że Balzac stwierdził, iż uważa autora *"Pustelni parmeńskiej"* za jednego z najlepszych pisarzy epoki.

PODSUMOWANIE

ROZDZIAŁY 1-6

15 maja 1796 roku Napoleon Bonaparte (cesarz Francuzów, 1769-1821) wkracza do Mediolanu, włoskiego miasta, które do tej pory było pod kontrolą Austrii. Francuzi zatrzymują się u mieszkańców Mediolanu, a jeden z oficerów, porucznik Robert, wybiera dom markiza del Dongo. Tam rozpoczyna się romans francuskiego żołnierza z Markizą del Dongo, żoną jego gospodarza. W wyniku tego romansu rodzi się Fabrizio, który będzie uważany za najmłodszego syna markiza.

Od 1800 roku rodzina del Dongo postanawia przenieść się do swojego zamku w Grianta, nad brzegiem jeziora Como, gdzie Fabrizio spędza swoją młodość słuchając wspomnień o napoleońskiej wielkości. Wspomnienia te są w szczególności opowiadane przez jego ciotkę, Ginę Pietranerę, do której czuje się bardzo przywiązany, a która od śmierci męża mieszka ze swoim bratem, markizem. Fabrizio znajduje zastępczego ojca w Abbé Blanès, który jest odpowiedzialny za jego edukację.

Dowiedziawszy się o ucieczce Napoleona z wyspy Elby i jego próbie powrotu, Fabrizio postanawia zaproponować mu swoją służbę. Dołącza do armii Napoleona w dniu bitwy pod Waterloo (18 czerwca 1815). Nie rozumie jednak nic z przebiegu walk, a jego włoski akcent sprawia, że żołnierze nabierają wobec niego podejrzeń.

Ostateczny upadek Napoleona sprawia, że Fabrizio wyjeżdża do Francji. Nie ma możliwości powrotu do Włoch, ponieważ jego brat doniósł na niego, że jest w służbie Napoleona, co w zdominowanych przez Austriaków Włoszech jest uważane za akt zdrady.

Gina jest smutna z powodu przymusowego wygnania siostrzeńca. Poznaje hrabiego Mosca, ministra księcia Parmy. Między nimi rozwija się romantyczny związek, ale Gina wychodzi za księcia Sanseverina, zgodnie z życzeniem Mosca. W rzeczywistości, gdy hrabia jest żonaty, a Gina jest wdową, małżeństwo to pozwala im widywać się nawzajem z poszanowaniem obyczajów społecznych.

Kiedy zostaje mianowany premierem, Mosca proponuje Ginie sposób na umożliwienie Fabrizio powrotu do Włoch. Jednak, aby to zrobić, młody człowiek musi podjąć karierę kościelną, ponieważ jego kariera wojskowa została zagrożona przez jego walkę dla Napoleona. Młody człowiek zgadza się i wyjeżdża na studia teologiczne do Neapolu. Planuje zostać w przyszłości arcybiskupem Parmy. Gina tymczasem staje się jedną z najbardziej znaczących kobiet na dworze.

ROZDZIAŁY 7-20

Mijają cztery lata. Fabrizio, który skończył studia, wraca do Parmy, gdzie zjednuje sobie księcia, księżniczkę, ich syna i arcybiskupa, który zaczyna go lubić.

Pewnego dnia Fabrizio idzie do teatru i zakochuje się w aktorce, Marietcie Valserra. Niestety, ma ona już oficjalnego kochanka, Gilettiego, który jest strasznie zazdrosny i brutalny. Podczas bójki rozpoczętej przez Gilettiego, Fabrizio zabija go i zostaje zmuszony do ucieczki. Skazany zaocznie Fabrizio musi teraz spędzić życie wędrując z miejsca na miejsce.

Pomimo planów Giny, aby zapobiec aresztowaniu bratanka, Fabrizio zostaje aresztowany i uwięziony w Wieży Farnese w sercu cytadeli Parmy. Gubernator wieży, Fabio Conti, ma córkę Clélię, której urok przyciąga Fabrizia. Gdy okna młodej dziewczyny wychodzą na celę Fabrizia, oboje porozumiewają się i w końcu wyznają sobie miłość.

Wrogowie Giny i Mosca na dworze próbują im zaszkodzić i postanowili zrobić to za pośrednictwem Fabrizia. Gina, która obawia się, że jej bratanek zginie w więzieniu, postanawia zorganizować jego ucieczkę z pomocą Clélii. Fabrizio z powodzeniem ucieka.

ROZDZIAŁY 21-28

Podczas spaceru przez las na swojej ziemi Gina spotyka Ferrante Palla, znanego we Włoszech lekarza i poetę. Szalenie zakochany w młodej kobiecie, Palla oddaje się na jej usługi.

Fabrizio, choć jest już wolny, nie jest szczęśliwy, ponieważ został rozdzielony z Clélią, która zgodziła się, zgodnie z życzeniem ojca, poślubić markiza Crescenzi.

Książę umiera nagle, w następstwie choroby. Jednak Palla z pewnością miał coś wspólnego z jego śmiercią: Gina nigdy nie wybaczyła księciu skazania i uwięzienia jej siostrzeńca i prawdopodobnie poprosiła Palla, by go zabił.

Gina wyrusza z powrotem do Parmy z Fabrizio i zostaje mianowana na honorowe stanowisko przez nowego księcia.

Ponieważ ten nowy książę jest w niej rozpaczliwie zakochany, nakłania go do zorganizowania nowego procesu dla Fabrizia. Oszalały z radości Fabrizio wraca do cytadeli, aby zaznać szczęścia ponownego zobaczenia Clélii. Tam jednak ponownie wisi nad nim groźba morderstwa, co prowadzi do odwołania generała Conti. Mimo to Fabrizio udaje się spotkać z Clélią, a ich miłość jest tak silna jak nigdy dotąd.

Młoda dziewczyna wychodzi jednak za Crescenziego. Uznany za niewinnego w swoim nowym procesie, ale zrozpaczony małżeństwem kobiety, którą kocha, Fabrizio postanawia prowadzić pobożne i surowe życie i zaczyna być znany jako wielki kaznodzieja. Jednak pewnego dnia Clélia zgadza się spotkać z Fabrizio i przyznaje mu, że nadal go kocha.

Teraz już jako wdowiec, hrabia Mosca poślubia Ginę, której mąż zmarł kilka lat wcześniej.

Mijają trzy lata, podczas których Fabrizio i Clélia często się widują. W wyniku tego romansu na świat przychodzi Sandrino. Przedwczesna śmierć dziecka sprawia, że Clélia umiera z żalu. Zrozpaczony Fabrizio znajduje schronienie w pustelni w Parmie, gdzie wkrótce umiera. Gina jest zdruzgotana śmiercią bratanka i również umiera.

STUDIUM POSTACI

FABRIZIO

Fabrizio Valserra del Dongo jest drugim synem markiza i markizy del Dongo, przynajmniej oficjalnie, gdyż jego prawdziwy ojciec jest francuskim oficerem z armii Napoleona.

Dzieciństwo i dorastanie spędza w otoczeniu kobiet (matki, siostry, a głównie ciotki), bez męskiej obecności poza Abbé Blanèsem, proboszczem, któremu markiz powierzył edukację syna.

Fabrizio od najmłodszych lat był wychowywany na opowieściach o wyczynach Napoleona. W dodatku jako młody człowiek Fabrizio marzy o tym, by pójść w ślady cesarza. Jednak narwanie, marzycielstwo, naiwność i złe przygotowanie do realiów życia sprawiają, że przechodzi od rozczarowania do rozczarowania. Nie wiedząc, jaką drogę wybrać, daje się w końcu pchnąć do kariery kościelnej, ale bez najmniejszej pasji do niej. Podąża drogą, którą wyznaczyli mu ciotka i hrabia Mosca i która prowadzi go do prestiżowego stanowiska arcybiskupa Parmy.

Bardzo przywiązany do ciotki, przez chwilę myśli, że jest w niej zakochany, ale jego kapryśność pcha go w ramiona mało znaczącej aktorki, której oficjalnego kochanka musi zabić w obronie własnej. W końcu znajduje prawdziwą miłość w osobie Clélii Conti. Jednak ta miłość jest niemożliwa: Pozycja religijna Fabrizia nie pozwala mu na romantyczne związki, a

Clélia jest zaręczona z bogatym szlachcicem z dworu w Parmie. Dwoje młodych ludzi mimo wszystko podąża za swoją namiętnością, co skutkuje narodzinami małego chłopca. Przedwczesna śmierć dziecka pociąga za sobą śmierć jego rodziców.

CLÉLIA CONTI

Clélia ma 12 lat, gdy Fabrizio spotyka ją po raz pierwszy. Spotyka ją ponownie kilka lat później, gdy zostaje uwięziony za morderstwo w cytadeli Parmy, której gubernatorem jest ojciec Clélii, generał Fabio Conti.

Jest inteligentną, silną i niezawodną młodą dziewczyną. Jej miłość do Fabrizia jest niezawodna i nawet pomaga mu w ucieczce ryzykując kompromitację własnego ojca. Jednak, zdenerwowana przez swoje działania, obiecuje ona nigdy nie zobaczyć Fabrizio ponownie. Później, kiedy się spotykają, używa podstępu, by nie złamać obietnicy: ich spotkania odbywają się tylko w ciemności, by nie mogła go zobaczyć. Wychodząc za mąż zgodnie z życzeniem ojca za mężczyznę, którego nie kocha, daje Fabriziowi syna Sandrino. Umiera jednak z żalu, gdy dziecko umiera.

GINA

Jest to niewątpliwie postać, której tożsamość zmienia się najczęściej w ciągu powieści. Po raz pierwszy spotykamy ją pod nazwiskiem Gina del Dongo, jako siostrę markiza. Poprzez małżeństwo z hrabią Pietranerą staje się hrabiną Pietranerą. Następnie, po śmierci męża, poprzez kolejne małżeństwo staje się księżną Sanseveriną. Wreszcie jej ostatnim małżeństwem jest małżeństwo z hrabią Mosca, który przez kilka lat był jej kochankiem.

To bardzo inteligentna i niezwykle piękna kobieta, mająca wielu adoratorów na dworze w Parmie. Bardzo przywiązana do swojego bratanka Fabrizia, stara się wszelkimi sposobami wyciągnąć go ze złych sytuacji. Jej uczucie jest czasem zabarwione miłością, co popycha ją do różnych planów i intryg, aby go uratować, w szczególności podczas jego uwięzienia. Śmierć Fabrizia spowoduje, że umrze z żalu.

HRABIA MOSCA

Początkowo minister wojny i policji w Parmie, a następnie premier, ten były oficer armii Napoleona podczas wojny półwyspowej również czci cesarza.

Inteligentny i potężny na dworze, wie, mimo chwilowych upadków z piedestału, jak sprawić, by książę był mu posłuszny.

Jest głęboko zakochany w Ginie i pomaga jej w realizacji jej planów, choć jej miłość do siostrzeńca wielokrotnie wzbudza jego zazdrość.

ANALIZA

GENEZA I NARRACJA DZIEŁA

Geneza pracy

W 1833 roku, kiedy był francuskim konsulem w państwach papieskich, Stendhal odkrył archiwa starej rzymskiej rodziny. Zawierały one zbiór stron zatytułowany *Początki Świetności Rodziny Farnese*. Opowiadają one o przygodach Alessandra Farnese (1468-1549), który miał zostać papieżem Pawłem III, i jego awansie na kościelnego opiekuna dzięki intrygom ciotki, niejakiej Vandozzy, a także o jego związku z rzymską dziewczyną o imieniu Cléria. Stendhal postanowił wówczas, by zachować te wyjątkowo interesujące strony i wykorzystać je w nowej powieści.

Z tymi archiwami wymieszał inne elementy, by stworzyć bardzo osobiste dzieło: pasjonowały go Włochy, które odkrył podczas służby w armii Napoleona i w których mieszkał przez kilka lat, więc uczynił je miejscem akcji. Był gorącym wielbicielem Napoleona i tą pasją obdarzył również swojego bohatera Fabrizio. Wreszcie włączył do swojego dzieła bitwę pod Waterloo, która wywarła na niego głęboki wpływ.

Po opracowaniu planu Stendhal napisał *"Pustelnię parmeńską"* zadziwiająco szybko. Zamknął się w swoim domu w Paryżu 4 listopada 1838 roku i podyktował całą powieść sekretarzowi. Wszystko było gotowe pod koniec grudnia i pojawiło się w księgarniach w kwietniu 1839 roku.

Narracja

W literaturze terminem "ogniskowanie" określa się punkt widzenia, z którego opowiadana jest narracja. *Pustelnia parmeńska* jest dziełem charakterystycznym, ponieważ łączy w sobie dwa rodzaje ogniskowania:

- Opowieść jest z jednej strony prowadzona z ogniskiem wewnętrznym (czyli fakty są przedstawiane oczami danej postaci), ale ognisko to przesuwa się między postaciami, co pozwala czytelnikowi w realistyczny sposób uchwycić poszukiwania i uczucia każdego z bohaterów. W ten sposób na początku powieści fakty są przedstawiane przez porucznika Roberta, który opowiada o swoim wjeździe do Włoch i życiu, które prowadził tam przez kilka tygodni (to jego oczami poznajemy matkę Fabrizia i Ginę), następnie ogniskowanie zmienia się, ale pozostaje wewnętrzne, ponieważ czytelnik doświadcza wydarzeń oczami Fabrizia.

- Z drugiej strony, obok tych wszystkich różnych punktów widzenia, które pojawiają się jeden po drugim w całej narracji, jest jeden, który pozostaje obecny od początku do końca. Jest to punkt widzenia Stendhala, z zerowym ogniskiem (czytelnik śledzi akcję poprzez punkt widzenia narratora, który znajduje się poza historią, w tym przypadku samego autora, i który zna myśli i uczucia wszystkich bohaterów). Od przedmowy autor przedstawia siebie jako pana dzieła: to on odkrył historię i podjął się jej adaptacji dla czytelników. Ponadto przez całą powieść pojawia się ponownie, by wyrazić swoją opinię na temat poczynań bohaterów.

BILDUNGSROMAN

Bildungsroman to nazwa nadana powieści, w której bohater na początku utworu jest młody i niedoświadczony. Książka pozwala czytelnikom śledzić jego rozwój: widzimy zatem, jak dojrzewa, ewoluuje i buduje własne rozumienie życia. Choć na początku główny bohater jest naiwny, to jego doświadczenia i spotkania ze światem uczą go mądrości.

- Na początku powieści Fabrizio jest próżnym młodzieńcem z niewielkim wykształceniem i brakiem doświadczenia życiowego, który całe dnie spędza na jeździe konnej. Stanowi idealną pożywkę dla marzeń o chwale i wielkich militarnych wyczynach inspirowanych Napoleonem, którego ubóstwiają kobiety z jego rodziny.

- Dowiedziawszy się o ucieczce Napoleona z Elby i jego próbie powrotu, Fabrizio postanawia przyłączyć się do niego i wstąpić do wojsk cesarskich, choć nigdy nie walczył i nie umie nawet trzymać broni. Jego naiwność osiąga szczyt podczas bitwy pod Waterloo, kiedy to wykrzykuje, że zobaczywszy wreszcie wystrzały, "Teraz jestem prawdziwym żołnierzem" (Rozdział 3), tak jakby sama obecność na polu bitwy czyniła go zahartowanym żołnierzem. Sam jednak przyznaje, że niewiele rozumie z akcji, a nawet zadaje oficerowi głupie pytanie: "Monsieur, pierwszy raz widzę bitwę [...], ale czy to jest prawdziwa bitwa?" (Rozdział 3). Fabrizio przeżywa też podczas tej bitwy swoje pierwsze prawdziwe rozczarowanie, a ten chrzest bojowy burzy jego nadzieje na wojskową chwałę.

- Przez całą powieść miłość jest tym, co sprawia, że naprawdę dorasta i zmienia go w mądrego człowieka. Miłość, którą czuje, lub myśli, że czuje, do aktorki Marietty jest elementem, który na zawsze zmienia jego życie. Po tym jak zostaje zmuszony do zabicia Gilettiego w obronie własnej, Fabrizio trafia do więzienia, a następnie poznaje Clélię, która wzbudza w nim prawdziwą miłość.

- Jak wszyscy bohaterowie Bildungsroman, Fabrizio trafia na nieprzyjazną rzeczywistość, która nie odpowiada jego oczekiwaniom. Jego miłość do Clélii jest w rzeczywistości niemożliwa, ponieważ on zostaje mianowany arcybiskupem, a młoda kobieta jest zamężna.

- Pod koniec powieści Fabrizio zrozumiał, że nie może kształtować rzeczywistości zgodnie ze swoimi pragnieniami i zamiast się z nią zderzać i ranić, woli rozsądny krok, jakim jest schronienie się w klasztorze, gdzie zakończy swoje życie. Nie należy tego postrzegać jako oznaki słabości i rezygnacji bohatera, ale raczej jako przykład rozeznania, który pozwala mu zrozumieć życie, zaakceptować je i spróbować żyć zgodnie z dokonanymi wyborami. Przez całą powieść Fabrizio ewoluuje, przechodząc od młodzieńczej naiwności do dorosłej mądrości, jednocześnie otrzymując pewne nieuniknione urazy.

BOHATER STENDHALOWSKI

Jeśli przyjmiemy za pewnik, że bohater powieści jest jej główną postacią, a akcja toczy się przez niego i dla niego, Fabrizio nie spełnia całkowicie tego kryterium. Rzeczywiście, jest on nieobecny w wielu rozdziałach, zwłaszcza podczas studiów teologicznych w Neapolu, o których czytelnik nic nie wie. W tym czasie księżna Sanseverina zajmuje pierwszy plan sceny, knując ze swoim kochankiem hrabią Mosca, aby zapewnić świetlaną przyszłość swojemu bratankowi.

Ciekawy jest również stosunek Stendhala do Fabrizia. W żadnym momencie autor nie stara się uczynić ze swojego bohatera postaci budzącej sympatię. Można nawet posunąć się do stwierdzenia, że nie waha się przedstawić go jako naiwnego i śmiesznego. Kiedy Fabrizio zbliża się do pola bitwy pod Waterloo i spotyka trupa, Stendhal opisuje go w następujący sposób: "Fabrizio nie przejechał pięciuset kroków, gdy jego klacz zatrzymała się krótko: w poprzek ścieżki leżało ciało, przerażając zarówno konia, jak i jeźdźca. Twarz Fabrizia, z natury blada, zrobiła się wyraźnie zielona" (Rozdział 3). Dla człowieka, który kilka minut wcześniej nie chciał niczego więcej niż walczyć, taka postawa graniczy z niedorzecznością. Później Stendhal stwierdza: "Musimy przyznać, że w tej chwili nasz bohater był niczym innym jak bohaterem. Strach był jednak tylko jego drugą reakcją; był przede wszystkim oburzony hałasem, który ranił jego uszy" (Rozdział 3).

W rzeczywistości Stendhal stara się pokazać rozproszenie swojego bohatera w realnym świecie. Znajdując się w samym centrum wojny, młodzieniec myśli jedynie o własnym dyskomforcie, nie biorąc pod uwagę skali wydarzenia, przy którym jest obecny. Nawet w momencie bezpośredniego starcia z wrogiem, Fabrizio okazuje się być niezsynchronizowany z rzeczywistością. Uzbrojony i stojący naprzeciwko Prusaka, decyduje się na strzał: "'Jest więcej niż trzy kroki od nas' – kalkulował Fabrizio – 'ale przy tym zasięgu nie mogę chybić'. Śledził jeźdźca w swoim celowniku i w końcu nacisnął spust. Mężczyzna padł wraz z koniem. Nasz bohater wyobraził sobie, że jest na polowaniu i z radością pobiegł w kierunku upolowanej właśnie zwierzyny" (Rozdział 4).

W związku z tym żaden z czynów Fabrizia nie jest heroiczny. Raczej wszystkie wynikają z przypadku lub z decyzji, które podjęli za niego inni ludzie, jak np. jego ucieczka z więzienia.

Choć Stendhal przedstawia tu bohatera śmiesznego, naiwnego i nieprzystosowanego do życia we współczesnym świecie, to jednocześnie podkreśla jego ewolucję – Fabrizio osiąga w końcu mądrość – i kończy się to uczuciem szacunku wobec niego.

Innym bohaterem stendhalowskim, który wykazuje tę nieprzydatność do życia i społeczeństwa, jest Julien Sorel w *Czerwonym i czarnym* (1830). Podobnie jak Fabrizio, Julien waha się między karierą wojskową i kościelną, a w końcu wybiera tę drugą. Podobnie jak jego, serce Juliena jest podzielone między dwie kobiety: jedna, Madame de Rênal, jest starsza; druga, Mathilde de la Môle, urodzi jego nieślubne dziecko, jak Clélia z Fabrizio. To, co różni obie powieści, to wynikający z tego ton: *Pustelnia parmeńska* to powieść głęboko optymistyczna, w której bohaterowie dążą do szczęścia, natomiast *Czerwone i czarne to* dzieło znacznie mroczniejsze. W przeciwieństwie do Fabrizia, który jest szlachetnie urodzony, Julien Sorel próbuje zaistnieć w społeczeństwie wyłącznie dzięki swojej inteligencji i zasługom. Miejsce to jest jednak bardzo trudne do osiągnięcia ze względu na jego pierwotny status społeczny: jest synem robotnika. Przez całą swoją egzystencję będzie starał się walczyć z tą niesprawiedliwością, ale zapłaci za to życiem.

DOKUMENT HISTORYCZNY

Pustelnię parmeńską można uznać za prawdziwy dokument historyczny, zwłaszcza ze względu na opis XIX-wiecznych Włoch i wizję epopei napoleońskiej.

Włochy na początku XIX wieku

Powieść rozpoczyna się tuż pod koniec XVIII wieku i trwa na początku XIX. W tym czasie Włochy pod panowaniem Austrii składały się z mozaiki księstw, a każdy gubernator organizował własny dwór i własny rząd. Jednak kampanie napoleońskie wywróciły do góry nogami ustalony porządek i zakwestionowały dominację Austro-Węgier.

Ogólnie rzecz biorąc, opis Stendhala jest wierny rzeczywistości. Księstwo Parmy naprawdę istniało i uzyskało niepodległość. Niemniej jednak należy zauważyć, że autor dokonał pewnych swobód w historii. W rzeczywistości Ernest IV nigdy nie istniał, a w czasie, w którym rozgrywa się akcja powieści, Parmą rządziła austriacka arcyksiężniczka Maria Ludwika (1791-1847), córka Franciszka II (cesarza Świętego Cesarstwa Rzymskiego i króla Niemiec, 1768-1835) i druga żona Napoleona.

Epopeja napoleońska

Epopeja napoleońska szybko osiągnęła status mityczny w XIX-wiecznej Europie, a *"Pustelnia parmeńska"* wyraźnie to dokumentuje. Stendhal, który sam służył w wojsku cesarskim, zawsze był pod wrażeniem postaci Napoleona Bonaparte. W związku z tym otwarcie powieści przedstawia wyidealizowany obraz cesarza, który działa na Włochy jak wyzwalacz: "Cuda męstwa i geniuszu, których Włochy były świadkami w ciągu kilku miesięcy, obudziły gnuśny naród" (Rozdział 1).

Fabrizio został wychowany w tym uwielbieniu dla bohaterów przez swoją ciotkę Ginę i jej męża, hrabiego Pietranera.

Snuje się po rodzinnym zamku, gdzie nie widzi prawdziwych bohaterów: nienawidzi swojego ojca, który jest na żołdzie Austriaków. Cesarz jest więc idealną postacią bohaterską. Fabrizio posuwa się nawet do samopoświęcenia, rzucając się z impetem w pogoń za Napoleonem, z powodów, które są bardziej związane z mrzonkami niż inteligencją. Na przykład, kiedy dowiaduje się o powrocie Napoleona, mówi do swojej ciotki: "Dołączę do cesarza, który jest także królem Włoch i tak dobrym przyjacielem twojego męża!" (Rozdział 2). Opisana w powieści bitwa pod Waterloo jest momentem znaczącym: to pierwsze rozczarowanie Fabrizia w świecie, którego nie zna i nie rozumie, a także decydujący krok historyczny, który sygnalizuje koniec panowania Napoleona, teraz już definitywnie pokonanego.

DALSZA REFLEKSJA

KILKA PYTAŃ DO PRZEMYŚLENIA...

* Do jakich innych bohaterów z literatury można porównać Fabrizia? Uzasadnij swoją odpowiedź.

* Jakie są elementy, które sprawiają, że *Pustelnia parmeńska* jest powieścią realistyczną?

* Jaki obraz polityki i władzy przedstawia Stendhal w swojej powieści?

* Jakie są podobieństwa i różnice między Clélią i Giną, dwiema ważnymi kobietami w życiu Fabrizia?

* Jaki obraz religii przedstawia autor w swojej powieści?

* Między Clélią a Madame de Rênal, jedną z głównych bohaterek *Czerwonego i czarnego*, pojawiały się czasem paralele. Co o tym sądzisz?

* Powieść *Pustelnia parmeńska* często uważana jest za poemat epicki. Czy zgadzasz się z tą analizą? Uzasadnij swoją odpowiedź.

* Czy można powiedzieć, że *Pustelnia parmeńska* to powieść historyczna?

DALSZE CZYTANIE

WYDANIE REFERENCYJNE:

Stendhal (2000) *The Charterhouse of Parma*. Trans. Howard, R. New York: The Modern Library.

Chcemy usłyszeć od Ciebie, co się dzieje!
Zostaw komentarz na temat swojej internetowej biblioteki
i podziel się swoimi ulubionymi książkami w mediach społecznościowych!

Wydawca zapewnia o wiarygodności publikowanych informacji, co jednak nie może wiązać się z jego odpowiedzialnością.

www.50minutes.com

Master ISBN: 9782808695244
Papierowy ISBN: 9782808616645
Depozyt prawny: D/2023/12603/1944

Verhaal: © Primento

Projekt cyfrowy: Primento, cyfrowy partner wydawców.